中國 經典 大智慧 ②

重孝和勤學篇

新雅文化事業有限公司
www.sunya.com.hk

中國經典大智慧②

重孝和勤學篇

責任編輯：潘曉華
美術設計：陳雅琳
出　　版：新雅文化事業有限公司
　　　　　香港英皇道 499 號北角工業大廈 18 樓
　　　　　電話：(852) 2138 7998
　　　　　傳真：(852) 2597 4003
　　　　　網址：http://www.sunya.com.hk
　　　　　電郵：marketing@sunya.com.hk
發　　行：香港聯合書刊物流有限公司
　　　　　香港新界大埔汀麗路 36 號中華商務印刷大廈 3 字樓
　　　　　電話：(852) 2150 2100
　　　　　傳真：(852) 2407 3062
　　　　　電郵：info@suplogistics.com.hk
印　　刷：美雅印刷製本有限公司
　　　　　九龍觀塘榮業街 6 號海濱工業大廈 4 字樓 A 室
版　　次：二〇一七年四月初版
　　　　　二〇二〇年七月第二次印刷

ISBN：978-962-08-6768-2

前言

　　《論語》、《孝經》、《三字經》、《弟子規》、《禮記》等都是中國經典，蘊含了古人的大智慧：「父母教，須敬聽」，告訴子女如何對父母盡孝；「敏而好學，不恥下問」，勸勉人們要虛心向人請教；「非禮勿視，非禮勿聽」，勸戒人們恪守禮義之道，不可胡作妄為。

　　這些名句承載的德育教訓是做人的基本原則，古今中外皆合用，而讓孩子自小閱讀中國經典中的名句，也可為他們日後學習古文打好基礎。

　　《中國經典大智慧》系列共分三冊，精選了五十個中國經典中的名句，培養孩子的個人品德和待人處世的大智慧。每個名句除了附釋義外，還設有三個欄目：「靜思細想」提供思考問題讓孩子自我反省；「活學活用」讓孩子把學習所得運用到日常生活裏面；而「品德故事」則讓孩子以故事中的人物行為作為榜樣或引以為鑒。

　　現在就讓孩子翻開本書，學習裏面的大智慧吧！

目錄

孝順父母

敬師和勤學

1. 愛惜身體：身體髮膚，受之父母

身體髮膚，受之父母，
不敢毀傷，孝之始也。

——《孝經·開宗明義》

人的身體四肢、毛髮皮膚，都是由父母賦予的，所以子女要愛惜身體，不要令自己有任何損傷，這就是行孝盡孝的開始。

靜思細想

1. 在遊樂場玩耍時，你有沒有注意安全，避免受傷？

2. 你有沒有長時間看電視、玩電子遊戲，令眼睛過分疲勞？

3. 你有沒有經常做運動鍛煉身體呢？

活學活用

1. 走路要專心，不與人嬉戲，以免跌倒或撞傷。

2. 玩樂時要注意安全，緊記父母的叮嚀。

3. 身體不適時，要盡早告訴父母。

4. 養成早睡早起和飲食均衡的習慣，保持身體健康。

范宣傷指

　　東晉時，有一個名叫范宣的孩子，為人十分孝順。范宣家境貧困，但仍努力讀書，而且經常幫父母耕田、做飯。

　　有一天，他在後園挖菜時，不小心弄傷了手指，頓時大哭起來。

　　一名路人看見范宣哭得淒慘，便問：「手指傷得很嚴重、很痛嗎？」

　　范宣搖搖頭，抽抽泣泣地答道：「我哭不是因為覺得痛，而是因為傷害了父母賦予我的身體，覺得很對不起他們。」

2. 了解父母：父母之年，不可不知

子曰：「父母之年，不可不知也。一則以喜，一則以懼。」

—— 《論語·里仁》

釋義

孔子說：「為人子女的，應當知道父母的年紀，並要記在心裏，一方面為他們的長壽而高興，一方面為他們的衰老而擔心。」

 **靜思細想**

1 你知道爸爸媽媽的生日是哪一天嗎？
他們今年多少歲了？

2 爸爸媽媽最愛吃什麼呢？

3 爸爸媽媽有什麼嗜好？

活學活用

1 記住爸爸媽媽的生日，在他們生日當天送上祝福。

2 多關心爸爸媽媽，例如他們下班回家時，幫他們拿
拖鞋，給他們倒一杯水。

3 照顧好自己，不要讓爸爸媽媽擔心，讓他們保持心
境愉快。

小正的心願

除夕夜，陳先生見五歲的兒子小正睏了，便打算抱他回房睡覺。可是小正不肯睡，即使爺爺嫲嫲幫忙哄睡還是不行，他想等到過了十二時才睡。

陳太太跟兒子說：「你現在先睡覺，時間到了，媽媽便叫醒你吧。」小正這才願意去睡。

快到晚上十二時了，陳太太叫小正起牀。原本小正還睡眼惺忪，但當聽到時鐘踏正十二時發出的噹噹聲響時，突然便來了精神。他一邊跑出房間，一邊大聲說：「祝爺爺嫲嫲、爸爸媽媽長命百歲，身體健康！」

陳先生和爺爺嫲嫲看到小正特意跑出

來，都感到很意外。陳太太笑着解釋：「今天小正聽老師説古代的故事，知道了孩子『守歲』是為了祈求父母長壽健康，所以今晚他堅持不肯睡覺，要為我們守歲呢。」

嫲嫲感動地説：「難得小正有這份孝心呢。」

爺爺誇讚小正説：「小正真是個孝順的好孩子！」

3. 體諒父母：不順乎親，不可以為子

孟子曰：「不得乎親，不可以為人；不順乎親，不可以為子。」

——《孟子·離婁上》

釋義

孟子說：「子女與父母的關係相處得不好，就不配做人；子女不能順從父母的心意，就不配為人子女。」

靜思細想

1 爸爸媽媽一天中要做哪些事？

2 如果是你能力所及的事，你都是自己做的嗎？

3 你能為爸爸媽媽分擔什麼事呢？

活學活用

1 自己能做的事自己做。

2 在能力範圍之內，做一些令爸爸媽媽開心的事。

3 當爸爸媽媽忙於工作不能陪伴自己時，應該多些體諒他們。如果他們因工作關係而夜歸，在不打擾他們的情況下，可以致電關心他們。

包拯辭官

　　歷史上有一名公正無私、依法斷案的清官，他的名字叫包拯，是廬州合肥（位於今安徽省）人。

　　相傳包拯考中進士後，獲朝廷派往建昌（位於今江西省）當官，但包拯的父母年事已高，不願離開家鄉，所以包拯就辭去官職，留家照顧父母。

　　包拯在父母去世後，依禮守孝三年。三年期滿，仍然不願離開家鄉，到外地當官，後來經鄉親勸說，才重新踏上仕途。

　　官吏們知道了包拯的孝心後，都對他讚不絕口。

4. 關心父母：哀哀父母，生我劬勞

哀哀父母，生我劬*勞。

——《詩經・小雅・蓼莪》

釋義

可憐我的父母，生我育我，勞碌一生，做子女的是多麼為他們感到心痛啊！

*劬，粵音渠。

靜思細想

1 日常生活中，有哪些事情是爸爸媽媽幫你做的？

2 你有沒有為爸爸媽媽盛過飯呢？

3 當爸爸媽媽感到疲倦時，你可以為他們做什麼呢？

活學活用

1 你可以為爸爸媽媽捶捶背，舒緩他們身體上的疲勞。

2 你可以跟爸爸媽媽說笑話，或談談在學校遇到的趣事，幫助他們放鬆心情。

3 努力學習，做個品行端正的好孩子，讓爸爸媽媽感到安慰。

王裒泣墓

魏晉時有一名孝子名叫王裒。王裒知道母親害怕打雷，即使母親去世後，每次當他聽到雷聲，也會馬上跑到母親墓前說：「母親不用害怕，兒子就在這裏陪着你。」

王裒教授學生讀《詩經》，每次讀到「哀哀父母，生我劬勞」時便很難過，哽咽不已。

後來中原發生戰亂，很多人都南下避難了，但王裒因捨不得離開父母的墳墓，而久久不願動身。

5. 照顧父母：香九齡，能溫席

香九齡，能溫席；
孝於親，所當執。

——《三字經》

釋義 黃香九歲時，就懂得在冬天用自己的體溫為父親暖被窩。
孝敬父母，是每個子女都應該做的事。

孝順的黃香

19

靜思細想

1 平日父母是怎樣照顧你的？
你有沒有向他們表示謝意呢？

2 你做過什麼事讓父母感到開心嗎？

3 當父母身體不適時，你有沒有慰問他們？

活學活用

1 照顧好自己，例如天冷時自己多穿衣服、考試時自己溫習，不要讓父母掛心。

2 要向父母表示敬愛之情，不一定是在父親節或母親節才行動。在他們有需要時，只要自己能夠做到的便盡力做，例如為他們添飯、夾菜等，也能使父母開心。

孝順的黃香

漢朝時有一名孝子名叫黃香，是江夏（位於今湖北省）人。因為母親早逝，年僅九歲的他除了幫忙做家務外，還學會照顧父親。

天氣炎熱時，黃香就用扇子把父親的牀鋪搧涼，再請父親上牀休息；天氣寒冷時，他就躺進父親的被窩裏，用自己的體溫給父親暖被窩，再請父親上牀安睡。

當父親生病時，黃香必定親奉湯藥，照顧也更無微不至，直至父親康復。

黃香的孝行被傳揚開去，皇帝也稱讚他為「天下無雙，江夏黃香」。

21

6. 聽從教導：父母教，須敬聽

父母呼，應勿緩；
父母命，行勿懶。
父母教，須敬聽；
父母責，須順承。

——《弟子規》

聽到父母呼喚，應該立即應答，不應遲緩。父母叫你做的事情，應該立刻行動，不要拖拖拉拉。對父母的教誨，一定要恭敬細聽。如果父母責備你，一定是有道理的，做子女的應該虛心接受，努力改進。

靜思細想

1 父母呼喚你時，你是不是馬上應答？

2 父母讓你幫忙做家務時，你是不是馬上去做？

3 父母的諄諄教導，你有沒有認真細聽？

活學活用

1 當父母責備你時，不要頂嘴，應該仔細想想父母責備你的原因，虛心接受教誨，認真改過；如果發生了什麼誤會，也應該冷靜地跟他們解釋清楚。

2 不要在背後說父母的不是。

3 時刻把父母的教誨記在心上，並付諸行動。

陶侃[*]遵母訓

陶侃是東晉有名的將軍，不但戰績彪炳，而且愛護百姓，這和他一直謹遵母親的教誨有關。

陶侃當官後，為報母親的養育之恩，經常把好吃的食物送給母親品嘗。有一次，他派人把衙門裏的一批魚乾帶給母親。但當陶侃的母親得知那些是公家物品後便立即歸還，並寫信責備陶侃不應該拿取公家物品。

陶侃讀了母親的信後非常慚愧，答應母親從此做一名儉樸清廉的好官。

*侃，粵音罕。

7. 努力讀書報親恩：孝有三

孝有三：大孝尊親，
其次弗辱，其下能養。

——《禮記·祭義》

釋義

孝敬父母有三個層次：最高層次的大孝是使父母受天下人尊敬，其次是不讓自己的言行使父母受辱，最次要也是最基本的，是盡自己的能力養活父母。

靜思細想

1 你的言行舉止都反映了你的家庭教養，你認為自己做到以禮待人嗎？

2 你做過什麼事來報答父母的愛呢？

3 當你長大後，會如何回饋父母呢？

活學活用

1 注意自己的言行，做個品行端正的好孩子，讓父母能以你為榮。

2 努力學習，不負父母的苦心栽培。

3 做個有責任感的好孩子，讓父母可以放心依靠。

母親的心願

　　傳說宋朝時有一人名叫蔡襄，他年幼時與母親盧氏乘小船過洛陽江，中途小船被風吹翻，兩母子落入江中，幸得好心人相救才逃過一劫。

　　經此事後，盧氏勉勵蔡襄要努力學習，考取功名做官員，將來在洛陽江上建大橋，讓人們可以步行過江。

　　長大後，蔡襄考中進士，當上官員後便遵照母親的話在洛陽江上修建洛陽橋。在他的努力之下，洛陽橋順利建成，成為中國歷史上第一座跨海大橋。

8. 為父母增光：德有傷，貽親羞

德有傷，貽*親羞。

——《弟子規》

釋義 如果做了敗壞道德品格的事，就會使父母蒙受恥辱。

*貽，粵音移。

28

 靜思細想

1 哪些行為會讓父母蒙受恥辱呢？

2 你有沒有得過別人的稱讚？你做了什麼事而獲得稱讚呢？

3 你的長處是什麼？你有好好發揮自己的長處嗎？

活學活用

1 注重自己的品德修養，不要做出有損品德的事。

2 做事前要仔細想清楚後果，不要急於求成。

3 發揮自己的長處，努力改善短處，盡力把事情做得更好，讓父母能以你為榮。

董卓的故事

東漢末年，朝政腐敗，身為朝廷將士的董卓本來奉命討伐四處作亂的黃巾軍，後來卻倒過來把皇帝廢掉，另立較年幼的新皇帝。

董卓把新皇帝當作傀儡，由自己獨攬朝政。如果朝臣不服從他便會被當場殺掉，令很多人斷送性命。

董卓的暴行引起天下人不滿，最後被設計殺害，還連累他九十多歲的母親依法被處死，實為大不孝。

9. 勸勉父母：孝子親則子孝

孝子親則子孝，
欽於人則眾欽。

——（宋）林逋《省心錄》

釋義 你對父母孝順，你的子女對你也孝順；你敬重別人，別人也敬重你。

31

靜思細想

1　你希望獲得別人的尊重嗎？你覺得怎樣才能令別人尊重你呢？

2　你有沒有與長輩一起吃飯、為他們賀壽的經驗？你覺得自己的表現怎樣？

3　當你覺得長輩做的事可能不太妥當，你會怎樣做？

活學活用

1　任何時候對待長輩都要有禮貌，當發覺長輩做的事可能不太妥當，可以尋找適當的時機婉轉地表達你的想法。

2　待人要誠懇有禮，尊重自己和別人。

背筐背父

傳說從前有一個男人很疼愛他的兒子，但卻嫌棄父親年老多病，還準備用一個大背筐把父親背到山上丟下不管。

那男人的兒子知道後，故意說：「爹，你把爺爺背到山上後，一定要把背筐背回來啊。」

那男人問：「為什麼呢？」

兒子天真地答：「留着我以後背你用的。」

那男人聽見後大吃一驚，頓時明白自己怎樣對待父親，兒子將來也會同樣地對待自己。於是他趕緊放下背筐，並且從此好好孝順父親，給兒子做個好榜樣。

10. 發揚孝心：老吾老以及人之老

老吾老以及人之老，
幼吾幼以及人之幼。

——《孟子·梁惠王上》

釋義

孝敬自己的長輩時，也要關懷其他老人家；照顧自己的孩子時，也要善待別人的孩子。

 靜思細想

1. 你會否主動讓座給老人、小孩、孕婦和其他有需要的人？

2. 看到比自己年紀小的小孩時，你會不會讓着他們多一些？

3. 看到沒有帶傘的同學淋雨，你會不會主動幫他遮雨？

活學活用

1. 經常設身處地為別人着想，例如保持地方清潔，清潔工人便不用那麼辛苦了。

2. 主動幫助有需要的人，例如扶老人家過馬路、參加義工活動等。

3. 愛護年幼的小孩，並且做好自己的本分，為他們樹立榜樣。

徵母啟事

據說在一份報章上出現過一則「徵母啟事」，內容出自一名已年近六十的孝子傅亞光。

啟事上寫道：傅亞光前半生因蒙冤受屈，被判遠離家鄉做苦工，未能好好供養親生母親；到他獲得平反之後，母親卻已經逝世了。

每當傅亞光想到自己未曾報答母親的養育之恩便十分難過，因此希望尋找一位出身清貧、孤苦無依的老人為母，讓他盡孝道，好好服侍老人頤養天年。

後來，他徵得一位八十八歲的老婦人為母。三年後，一位農村姑娘主動要求做他們的孫女和女兒，承擔照顧兩位老人家

的責任。

　　傅亞光因自己的遭遇而想到照顧其他孤苦的老人家，這份孝心感動了其他人，讓「孝」和「愛」的精神在社會上傳揚開來。

11. 熱愛家鄉：狐死歸首丘，故鄉安可忘

狐死歸首丘，
故鄉安可忘。

——（三國）曹操《卻東西門行》

釋義

狐狸將死，頭必朝向出生的山丘，試問我們自己的故鄉又怎能忘記呢？

靜思細想

1 你知道自己的籍貫是什麼嗎？
家鄉在哪裏呢？

2 你的家鄉有哪些特產？有哪些名人？

3 你知道自己的家族有什麼人嗎？

活學活用

1 打開地圖，看看自己的家鄉在什麼地方。

2 多了解家鄉的歷史。

3 向家中長輩多了解自己家族的人和事。

39

蘇武牧羊

漢武帝時，漢朝國力強盛，把一直騷擾漢朝邊境的匈奴人打敗了。

匈奴人為了表示友好，派出使節到漢朝，還把以前扣留在匈奴的漢朝使節一併送回。於是漢武帝決定暫停攻打匈奴，並派蘇武為使節出使匈奴，以示漢朝的善意。可是，匈奴王竟把蘇武扣押起來，還不斷利誘他，勸他投降。

蘇武寧死不屈，匈奴王便把他送到苦寒之地放羊。雖然生活極為艱苦，但蘇武心繫漢朝，也為着回家與家人團聚而一直堅持下去。十九年後，匈奴與漢朝和好，蘇武終於被釋放出來，回到家鄉了。

12. 尊敬師長：一日為師，終身為父

一日為師，終身為父。

—— （清）羅振玉《鳴沙石室佚書·太公家教》

釋義

即使只是教過自己一天的老師，也要像敬重父親一樣終身敬重他。

 靜思細想

1 你的老師除了教授你課本上的知識外，
還教會你其他東西嗎？

2 你最難忘的老師是誰？

3 你最想感謝的老師是誰？為什麼呢？

活學活用

1 遇見老師時，要禮貌地打招呼。

2 向老師鞠躬行禮時要認真，不要東張西望，身體也
不可左搖右擺。

3 每年 9 月 10 日是香港的敬師日，你可以在那天給
老師寫一張心意卡表示謝意。

魯迅尊敬師長的心意

中國著名作家魯迅有三位對他影響深遠的老師，一位是他的啟蒙老師壽鏡吾先生，一位是他在日本學醫時的解剖學老師藤野嚴九郎先生，還有一位是他的文字學老師章太炎先生。

魯迅小時候跟隨壽先生在三味書屋學習，十八歲才離開家鄉紹興到南京讀書。每當他放假回鄉，總會抽空探望壽先生。後來魯迅到日本留學八年，期間仍經常寫信給壽先生，匯報自己的學習情況。

還有，當魯迅從日本回紹興辦婚事時，他雖然只在紹興停留短短四天，但仍特意抽空探望壽先生。

對於另外兩位老師，魯迅也非常尊敬。

敬師和勤學

43

魯迅在自傳中提到，藤野先生是他最感激的一位老師；而另一位老師章太炎先生死後蒙冤，魯迅不顧自己病重，竭力為老師撰文抱不平，可見魯迅一生對老師的尊敬心意從不改變。

13. 多向老師請教：人非生而知之者

人非生而知之者，孰能無惑？惑而不從師，其為惑也，終不解矣。

—— （唐）韓愈《師說》

釋義

人不是天生就懂得所有知識，怎可能會沒有感到疑惑的時候呢？有疑惑卻不向老師請教，那麼這個疑惑便一直不能得到解答。

靜思細想

1 上課時，你有認真聽老師講解嗎？

2 下課後有沒有自己溫習？

3 遇到不懂的問題，你有沒有主動向老師請教？

活學活用

1 養成預習課本的習慣，有不明白的地方可以標記出來，上課時特別留意那些地方的講解。如果還是不明白，應該主動向老師發問。

2 自己按時完成老師交給你的功課。

3 養成寫筆記的習慣，把老師講課的重點記下來，以便複習。

孔子求教

　　孔子學識廣博，教導過很多學生，但他並非天生便懂得這麼多知識，而是靠他努力學習和主動向老師求教而得來的。

　　孔子曾為學禮而去拜望老子。看見老子後，孔子恭敬地行了弟子禮，以示尊老子為老師。

　　老子問：「你因何事來找我呢？」

　　孔子答：「我學識淺薄，對古代禮制一無所知，特地來向老師請教。」孔子誠懇的態度打動了老子，於是老子便詳細地把關於禮制的事告訴孔子了。

敬師和勤學

47

以眾人為老師：敏而好學，不恥下問

敏而好學，不恥下問。

——《論語·公冶長》

釋義

（孔圉）天資聰明而且勤力學習，不會認為向比自己地位低、學識比自己少的人請教是可恥的事。

注：這句話是孔子用來形容春秋時期衛國的孔圉。圉，粵音宇。

靜思細想

1 做功課時，你有沒有認真思考題目？

2 你喜歡閱讀課外圖書嗎？

3 遇上問題時，除了向老師、父母請教外，你還會向什麼人請教？

活學活用

1 做作業時要認真，看到老師把錯處圈出來時，要用心思考出錯的地方，並想辦法改正過來。

2 養成每天閱讀的好習慣，而且閱讀的圖書種類越多越好，有助擴闊視野。

3 除了向師長請教外，也可以和同學一起討論。

懸樑刺股

　　成語「懸樑刺股」是指把頭髮用繩子繫在屋樑上，以及用鐵錐刺大腿，形容刻苦學習。這個成語和古代兩個人物——孫敬和蘇秦的故事有關。

　　漢朝儒學大師孫敬小時候讀書十分勤力，常常讀到深夜。

　　為免自己打瞌睡，孫敬便找來一根繩子，把繩子的一端繫在屋樑上，另一端繫在自己的頭髮上。每當他打瞌睡時，只要頭一低，繩子就會扯得他頭皮疼痛，令他睡意全消。

　　戰國時期著名的政治家蘇秦，年輕時因為學問不高，所以沒有得到諸侯國國君的重視。

為了出人頭地，蘇秦發奮讀書，每天讀到深夜。當他想睡覺時，就用鐵錐在大腿上刺一下，疼痛的感覺會使他猛地清醒過來，接着繼續讀書。

　　由於孫敬和蘇秦堅持不懈地學習，兩人最終都能學有所成。

15. 學習別人的長處：尺有所短，寸有所長

尺有所短，寸有所長。

——《楚辭·卜居》

釋義

尺雖比寸長，但和更長的東西比較起來，就顯得尺較短；寸雖比尺短，但和更短的東西比較起來，就顯得寸較長。這句話現在用來比喻不同的人和事物都各有自己的長處和短處。

靜思細想

① 你能說出班上三位同學的長處嗎？

② 你有沒有經常和別人比較？

③ 你認為有不足的同學，他身上有沒有什麼優點值得你學習？

活學活用

① 多讚美同學的長處，看見同學有不足的地方，應盡自己所能幫助同學。

② 與別人合作做事時，按每個人的長處安排工作，事情就會辦得又快又妥當。

③ 向同學請教時要虛心和有禮貌，大家一起努力學習，一起進步。

歐陽修的文章

歐陽修是北宋時期著名的文學家。

有一次，一位姓錢的大官員修建了一座房子，邀請了歐陽修、謝希深和尹師魯三位學士各寫一篇文章紀念此事。

謝希深寫了七百字，歐陽修寫了近六百字，但尹師魯則只用了三百八十字，便把事情寫得完整有序，文采也十分好。

歐陽修很佩服尹師魯，就向對方誠心求教。歐陽修認真聆聽尹師魯的寫作心得，回家後又修改了自己的文章。

經過他反覆推敲和改寫後，那篇文章不但比尹師魯的少了二十個字，而且寫得比之前更好呢！

16. 抓緊時間學習：黑髮不知勤學早

黑髮不知勤學早，
白首方悔讀書遲。

——（唐）顏真卿《勸學》

釋義 小時候不知道勤奮學習，到了老年白髮斑斑時才後悔沒有及早勤奮學習。

 靜思細想

1. 放學回家後，你會馬上開始做功課嗎？

2. 放假時，你會花多少時間在學習、玩電腦遊戲和看電視上呢？

3. 你有沒有訂下溫習時間表的習慣？

活學活用

1. 做功課要認真，溫習時要用心。

2. 課餘時間多些參加不同活動，發掘自己的潛能，並加以鍛煉，日後就能盡展所長。

3. 多些參加不同的比賽，例如作文比賽、朗誦比賽等，不必在乎輸贏，而是從中吸取經驗，讓自己有更大的進步。

勤力的愛迪生

據說發明大王愛迪生一天只睡四小時，他的好朋友曾問他：「你的睡眠時間這麼少，不覺得睏嗎？」

「不睏。雖然我只睡四小時，但我睡得很熟，可以抵上別人的八小時睡眠。」愛迪生說，「人的一生這麼短促，要做的事又那麼多，若不勤奮學習和工作，又怎能幹出一番成績呢？」

由此可見，愛迪生的成功絕非僥倖，而是他從小就珍惜光陰，堅持努力學習和工作的成果。

敬師和勤學

孟子曰：「子路，人告之以有過則喜。禹聞善言則拜。」

——《孟子·公孫丑上》

孟子說：「孔夫子的學生子路，很喜歡別人指出他的過錯。古代聖王大禹聽到別人向他提出好的建議，就會拜謝對方。」

静思細想

1 當別人告訴你有不足之處時，
你有什麼反應？

2 你知道自己有什麼不足之處嗎？你會怎樣改善呢？

3 與別人合作時，你會聆聽別人的意見，並作出適當
的回應嗎？

活學活用

1 認真聽取別人的意見，並且自我反省。

2 如果別人的意見是對的，就要虛心接受，並向對方
表示謝意。

3 如果不認同別人的意見，應該心平氣和地向對方表
達自己的想法，並提出恰當和充分的理由來支持自
己。

唐太宗納諫

　　唐朝皇帝唐太宗是一位英明的君主，他願意聽取大臣們的建議，所以把國家治理得很好。不過，有時候唐太宗也會因大臣們的言語不合自己心意而十分生氣。

　　有一天，唐太宗退朝回來便生氣地跟長孫皇后說：「氣死我了！我一定要把魏徵殺掉！他天天在朝廷上指責我的不是，絲毫不顧我的顏面，氣死我了！」

　　不料，長孫皇后卻微笑說：「皇上息怒，自古忠言逆耳，而魏徵卻敢言直諫，那是因為他知道皇上是明君，不會因為諫言而殺害忠臣啊！」唐太宗聽完後，怒氣才逐漸消去。

　　後來魏徵病逝，唐太宗悲傷地跟大臣們

說：「一個人用銅做鏡子，可以照到衣帽是不是穿戴端正；用歷史為鏡子，可以知道國家興亡的原因；用別人作鏡子，可以發現自己的言行對不對。現在魏徵死了，我失去最珍貴的一面鏡子了。」

18. 敬校愛校：教化之本出於學校

教化之本出於學校。

—（宋）蘇洵《嘉祐集卷五·論衡下·養才》

釋義

關於做人的道理和各方面的知識，很多都是從學校教育開始的。